自分で考えよう
世界を知るための哲学入門

ペーテル・エクベリ／作　スヴェン・ノードクヴィスト／絵
枇谷玲子／訳

この本をちいさな哲学者、レオとアルシアに送る

マリア・スンディン、ケント・グスタフソン、ヤン・リーフに感謝

TÄNK SJÄLV: en inspirationsbok för unga filosofer
by Peter Ekberg & Sven Nordqvist
Text Copyright © Peter Ekberg
Illustrations Copyright © Sven Nordqvist
Originally published by BOKFÖRLAGET OPAL AB.
Japanese language translation rights arranged
with BOKFÖRLAGET OPAL AB, Bromma, Sweden
through Tuttle-Mori Agency, Inc., Tokyo

自分で考えよう　目次

1　いつだって、あらたにもう1つ問いを立てていい

哲学の世界のヒーローたち　10
知りたがりの哲学者　12
ただ考えるだけで、本当にいいのかな？　16
考えることで、世界を変えよう　18
理性を使って公正に考えよう　22
哲学の議論　24
知らない、ということを知る　25

2　頭のなかのトラに、しま模様はなん本入っているだろう？

目の前にないものを思いうかべる　32
みんな夢？　33
言葉の意味　38
音と渦巻き模様　40
善ってどういう意味？　44

3　地球はタルトみたいな形をしているの？

信じることと、そうであるということ　50
五感と記憶　54
本当にそうなの？　58
疑うこと、感覚のわな　59
芝生の色は本当に緑？　62

世界は音であふれている？　66

時間とは？　69

3つの時間　70

4　泥棒するのは、ときにはゆるされる？

道徳的判断をするための理性　76

優しいうそ　78

ロビン・フッドは泥棒してもいい？　82

さまざまな文化　84

内なる道徳規範　88

5　空想のオレンジじゃ、できないことって？

牛は哲学者になれるの？　97

人間に限界はない　99

人間の意識　102

頭のなかのオレンジじゃ、できないことって？　106

オレンジはどこにある？　108

脳＋意識＝？　112

訳者あとがき　116

装丁・デザイン／D-KNOTS 佐藤 有

1
いつだって、
あらたにもう1つ問いを立てていい

自分のことを、もっと知りたい？　世のなかについては、どう？　「空で星が輝いているのは、なぜだろう？」って考えたことはある？　「幸せってなんだろう？」、「うそはどんなときも、ついちゃいけないの？」、「どうして地球が丸いってわかるんだろう？」などと、自分に問いかけてみたことは？　こういったことを、いままで何度か考えたことがあるのなら、きみはものごとを**哲学的**に考えたことがある、ってことだ。きみ自身について、また世界について、問いを立てたのさ。

　この本できみは、たくさんのすばらしい哲学的な問いに出会うだろう。そして哲学的な考えを発展させることが、生きるのにおおいに役立ち、よろこびをもたらしてくれるってことに気づくにちがいない。

哲学の世界のヒーローたち

　哲学は2000年以上前の古代ギリシャで生まれた。その時代、最初の哲学者たちが、自分とそのまわりの世界について、ふかく壮大な問いを投げかけはじめたんだ。

　有名な哲学者の名まえを、いくつかあげてみるね。ソクラテス、プラトン、アリストテレス。デカルトにロック、バークリーにカント。ウィトゲンシュタイン、ラッセル――。知っている名まえはあったかい？　最初の3つぐらいは、きいたことがあるんじゃないかな？　ソクラテス、プラトン、アリストテレスの3人はみな、古代の人で、哲学界の初代スーパー・ヒーローだった。

　歴史上、女性の哲学者が1人もいないわけじゃない。なん人かあげてみよう。ウルストンクラフト、シモーヌ・ド・ボーヴォワール、ハンナ・アーレント。

　いまではもちろん哲学的な問いに向き合うのに、男か女かは関係ない。

　哲学という言葉は、「知識への愛」という意味を持つ。哲学者は、「賢くあること」を愛する人たちなんだ。でも賢いって、どういうことなんだろう？　先を読みすすめる前に、少し自分で考えてごらん。

知りたがりの哲学者

　賢いっていうのは、いろんなことがわかる、ということだと言える。哲学者は愛、社会、自然、現実、「どうやったら最高の人生を送れるか?」といった、この世界のほぼすべてのことに興味がある。

　哲学者はそういったさまざまなものごとを、ふかく徹底的

に考えることで理解しようとしてきたし、いまもそうしている。哲学者がなにかをあたりまえのものとして受けとめることは、めったにない。

　これまでの歴史において、根源的で哲学的ないくつかの問いが、くりかえし何度も立てられてきた。つぎのページに、その例がのっているよ。

社会はどうつくられるべき？

無からなにかが生まれることはあるのかな？

こういった疑問がわくのは、これらの問いに答えがないから。もしくは、いま出ている答えに納得できないからだ。本当はどうなのか知りたくて、疑問をいだくのさ！

　どんな答えであろうと、哲学者が100パーセント満足することは、まずない。そこで、ある原則を設けた。それは、「いつだって、あらたにもう1つ問いを立てていい」というものだ。そうすることで、べつの角度から考えをめぐらせ、理解をふかめられる。いまからやってみよう。

ただ考えるだけで、本当にいいのかな？

　人間の体のしくみや、空の星がいったいなんなのかなどを、哲学だけで知ることはできない。ほかにも方法がひつようだ。たとえば顕微鏡や望遠鏡を使うとか。とはいえ、考えるだけでも、たくさんのことを知ることができる。

　古代の人たちは、地震や火山の噴火といった自然の力が、まわりの土地や世界を変えるように、思考にも世のなかを変えられる、ものすごい力があると考えた。

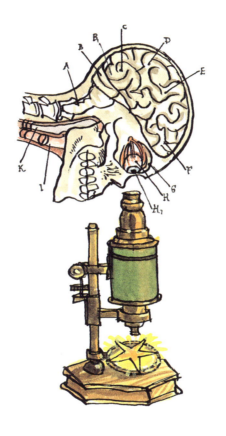

考えることで、世界を変えよう

　考えることで、世界を変えられるかもしれない。身のまわりにあるものを、すべて思いうかべてみよう――椅子、机、車、道路。品物があふれる店や家々がたちならぶ町も。音楽や芸術、エジプトのピラミッド、パリのエッフェル塔も。これらはみな、どうやって生まれたんだろう？

　そう。考えることによって生まれたんだ！　人間は自分たちの生活になにがひつようか、ずっと考えてきた。たとえば腰をかける椅子とか。思いついたら、実際につくってみる。あらゆる文化のあらゆるものが、もとは人間が考えたものなんだ。すごくないかい？

　考えることで、世界が変わることもある。でもただ考えればいいわけじゃない。人間は、まちがった、悪い考えを思いつくこともある。正確に、公正に、はっきりと、わかりやすく考えなくてはならない。哲学的にものごとを考えるとき、哲学者は**理性**と**議論**という2つの道具を用いるんだ。

きみもひょっとしたら世界を変えるような

ことを、思いつくかもしれない?

理性を使って公正に考えよう

　理性とは、なにが正しくてなにがまちがっているのか、なにが真実でなにが誤りなのかをきめられるよう、人間にそなわっている能力だ。理性はたとえば、「うそをつくのはまちがっているの？」といった道徳的な問いや、「地球は丸いの、それとも平らなの？」といった学問的な問いの両方に、もっともふさわしい答えをさがすのに役立つ。

　この本のもう少しあとで、道徳と知識の意味をくわしく知ることができるよ！　理性は人間にとって、とても根源的なもので、公正に、正確に、上手に考え、疑問や問題に対し最良の答えを見つける助けとなる。

日常生活から例をいくつかあげてみると、わかりやすいかな？　たとえば鍵をさがしていて見つからないとき、カップの受け皿が空を飛んできて、鍵を見つけてくれるとは思わないだろう？　なぜならきみには理性があるからね。自分の頭でじっくり考えて、はじめて、さがしものがどこにあるか、ふと思いあたる。

　きみはこうしてよい説明を——現実にありえそうな答えを見つける。「鍵は学校からの帰り道に落としたにちがいない」って！

　理性はきみたちをどんなふうに正しい方向に導くんだろう？　さっきとちがったふうに考えてみよう。

　さがしものが、廊下かキッチンのテーブルのどちらかにあると、わかっているとする。大急ぎで廊下をさがして、見つからなければ、自動的にキッチンのテーブルの上にあるってことになる。こんなふうに考えられるのは、きみに理性があるからだ。

哲学の議論

　哲学者は哲学的な思考をめぐらせるとき、**論証**を用いる。論証とは、なぜそう思うのか、理由や論拠をあげることだ。きみたちが日々会話をするときにも使っているものだよ。

　友だちと議論していて意見が合わないとき、相手の論の欠点をつくため、また自分の意見をより説得力あるものにするために、理由や論拠をしめす。

　人は議論をするとき、議題となっていることがらに賛成か反対かを述べる。たとえば学校の成績表について話しあっているとしよう。このとき、成績表があることのよい点、わるい点をそれぞれあげるだろう。

　哲学の議論をとおして、人は真実をさぐろうとする。ソクラテスは好奇心が強く、議論や討論を愛した。問いを立て、それに答えることで、不変の答えや真実にたどり着けると考えた。真実にたどり着くには、忍耐力と寛容さと正直さがひつようだ。

そこに合うって、どうしてわかったの？

　哲学者は理性的な議論を積極的に行う。また哲学者にとっての勝者は、最良の議論だ。相手の提案のほうが正しければ、自らの考えを変えることもありうる。哲学者はあたらしいもの

ごとを学びたいという意欲にあふれている。またある問いに対し相手の論のほうが筋が通っていれば、よろこんで自分の意見を変えるだろう。

　哲学者にとってたいせつなのは、「**だれが正しいか**」じゃない。「**なにが正しいか**」だ！　よい哲学者は自分の考えを批判されても怒らない。また哲学的議論をするとき、うそをつかず、本当のことを言う。

　つぎにきみが友だちとけんかすることがあれば、いまのことを思いだしてみるといいかもしれないね。

知らない、ということを知る

　賢い人とは、多くのことを知り、理解している人だと言われている。でも自分たちがたいして知らないということを知ることが、真実に近づく第一歩になる。そう考えたのは、ソクラテスだった。

　当時、ソクラテスを支持し、かれの話に耳をかたむけ、かれと対話した若者が大勢いた。ソクラテスは運動場にしょっちゅうあらわれては、「体だけでなく魂や思考もきたえるべきだ」ととなえた。

　こんなソクラテスだから、「ソクラテス以上の賢者はいない」というアポロン神殿のお告げがあったときいて、びっくりしたのも無理はない。

　ソクラテスは自分が賢いなんて、さらさら思っていなかった。「自分はただ、さまざまな問いを立ててきただけだ」と思っていたんだ！

　ソクラテスはそのお告げがまちがっているとしめしたくて、政治家や作家、職人といったさまざまな分野の知者をたず

ね歩いた。

　ところがそれらの人たちと言葉をかわしたあと、かれがいだいた感想はこんなものだった。「わたしたちはだれ1人として、真に価値あることを知らないようだ。わたしは本当に価値のあることはなにも知らないし、自分が知っているとも思わない。一方、あの人たちは知らないのに、知っていると思っている」

　ソクラテスは気がついた。「問いつづけることについては、自分がいちばん知っているのかもしれない」と。そこでかれは言った。「わたしは自分が知らないということを、知っている」

　ソクラテスはさまざまな土地を訪れたことで、多くを知ったとは考えなかった。それどころか、「自分は実際なんにも知らない」ってことを知ったんだ。

2

頭のなかのトラに、
しま模様はなん本入っているだろう？

もしも言葉がなくなったら、どれだけ生きにくくなるか、想像してみよう。きみのことを、だれもきちんと理解してくれない。きみたちの考えの多くは、言葉という形で頭のなかにあらわれる。そのため言葉がなくなったら、まともに考えられなくなるにちがいない。

　きみたちも知ってのとおり、思考は言葉のほかに、映像としてもあらわれる。たとえばきみが「去年の夏休み、なにをしたっけ？」と考え、思いだそうとするとしよう。この疑問がうかんだとき、「去年の夏休み」が目の前に見えているわけじゃない。または、「学校までのいちばんの近道はどれだろう？」と考えるとしよう。このときも、「学校までのいちばんの近道」が目の前に見えているわけじゃない。なのにきみは、それらについて考えることができるんだ！
　このように、きみにはさまざまなものごとを視覚化できるという、すばらしい能力がそなわっている。きみの耳にも、似たような能力がそなわっているよ。よく知っている曲なら、かんたんに思いだせるよね？　ラジオも音楽プレーヤーも持っていなくても、思いうかべることで、頭のなかで音楽がきける。

目の前にないものを思いうかべる

　頭に思いうかべた映像を、本物の映像と見なす哲学者は多くない。

　たとえば1頭のトラを頭に思いうかべるとしよう。このとき、そのトラになん本しま模様が入っているかは、正確にはわからない(しま模様は3本と、あらかじめきめていないかぎりは)。

　写真でなら、本物のトラの姿を見られるわけだから、しま模様がなん本入っているか知るには、単純に目で確かめて数えればいい。

　いま目の前にないものを思いうかべるとき、人間の頭のなかでなにがおこっているんだろう？　これは哲学者が現在、人間の脳のしくみに関心を持っている、ほかの分野の研究者たちと、共同で向き合っている問いだ。

みんな夢？

　人は目の前にないもの（もしくは耳に入ってきていないもの）について、考えることができる。夜寝ているときにも、似たようなことが頭のなかでおこっている。暗い部屋のベッドで目をとじ、横になりながらきみは、奇妙なことに、夢のなかでのできことを、見ていると言えるんじゃないかな？

　このことを最初に考えたのは、フランスの哲学者、ルネ・デカルトだった。デカルトは暖炉の火が燃える横で、机にむかいながら、自分にこう問いかけた。

「暖炉の火が燃える横で、机にむかっているわたしの姿を、どこかで見たことがあるぞ。そうだ、夢で見たんだ。だがいま見ているのが夢じゃないって、どうして言えるんだろう?」

　デカルトが立てた問いはむずかしい。きみなら、どう答える? しばらく落ち着いて考えてみれば、夢と現実におおきなちがいがあるのがわかるだろう。
　現実の世界がはっきりと見えるのに対し、夢の世界はぼんやりしている。夢のなかでは人や場所は、ぱっとあらわれては消えるんじゃないかな? アフリカにあったはずの家が、つぎの瞬間、滝のむこうにあらわれたり。

　現実の世界で、家の建つ場所は変わらない。きみたちは徒歩か自転車、車で家を出て、おなじ家に帰ってくる。
　また、夢のなかで五感がすべてはたらくわけではないってことを、たいていの人が知っている。
　きみが夢を見るとき、おそらく頭のなかにうかぶのは、映画館のスクリーンに映しだされるような視覚的な映像だろう。だれかが話す声がきこえるかもしれない。だけど味やにおいは感じるかい? 痛みはどう?

結論はこうだ。きみたちは夢を見ているとき、睡眠と覚醒のはざまにある。

　哲学のおもしろさは、デカルトが立てたような問いにどう答えるか、だ！　そういった問いを、むずかしすぎるとこばんだり、もっと悪いことに、ほかの人の意見をうのみにしたりするのではなく、論理にもとづき議論することで、ほかの人の意見のどこに賛成で、どこに反対かがはっきりとわかるだろう。

　そうして論理的で説得力のある結論にたどり着くことができる。

　デカルトの関心の対象は、主に科学と哲学にあった。また天文学（宇宙研究）や数学などにもとりくみ、「意識とはなんだろう？」と自分に問いかけた。

　デカルトは、「理性は太陽みたいなものだ」と考えた。「太陽が世界のあらゆるものを照らすのとまったくおなじように、理性の光は知識のあらゆる面を照らす。それによって人は自己や存在について、よりふかく理解できる」って。つまり理性は知識のみなもとだと考えたんだ。

言葉の意味

　哲学者にとって、言葉はたいせつなものだ。もちろん哲学者以外の人も、言葉を使う。でも哲学者はただ言葉を使うだけでなく、言葉の**概念**を分析するんだ。つまり言葉の正確な意味を知るために、その言葉があらわすものが、なんであるのかを徹底的に調べる。そうすることで哲学的な問題を理解し、掘り下げることができる。

こんなふうに哲学者がじっくりと議論を重ねるのを見て、「なんてめんどうくさい奴らなんだろう」と思う人もいるかもしれないね。でもすべては誤解を避け、思いついたこと、考えていることを、なるべくはっきりさせるためなんだ。なにを話しているのかをきちんと理解することが、哲学者にとってはたいせつなんだね。

音と渦巻き模様

　では言葉の問題点は、なんだろう？　言葉を使うとき、どんな問題がおこりうるのかな？

　あらゆる文章、あらゆる話し言葉は、**解釈**をひつようとする。でもそのことで問題がおこりうる。きみは「文章は見かたを変えれば、紙の上に書かれた渦巻き模様にすぎない」なんて考えたことはあるかい？　文章を読んだり、だれかがなにかを言っているのをきいたりするとき、きみの頭のなかで、すばらしいことがおきている。きみはそれらの言葉を解釈することで、**理解**しているんだ。

　でも人はそのことに慣れきってしまって、特別なことだとは感じない。文章中の渦巻き文字やきみの友だちの声から、きみの理解は生まれる。

でもそれを正しく解釈し、理解するのは、かんたんなことじゃない！　言葉は**多義的**で、あいまいなものだから。多義的っていうのは、おなじ言葉がときと場合によって、まったく異なる意味を持ち、さまざまに理解できるってこと。例をあげてみよう。

Kungen hade en krona på sig.

Kungen（王様は）
hade（かぶっている／持っている／のせている）
en krona（王冠を／1クローネを／木を）
på sig（頭に／ポケットに）

この文章は、「王様が頭に王冠をかぶっている」という意味にも、「王様がポケットに1クローネを持っている」という意味にもなりうる。または木を頭にのせている、おかしな王様のことが書かれているのかもしれない……。

Alla älskas av någon.

Alla（だれもが／みんなが）
älskas（愛されている）
av någon（だれかに）

この文章は、「だれもがだれかに愛されている（愛するのはそれぞれべつの人）」って意味にも、「みんなが特定のだれかに愛されている」って意味にもなりうる。

Några gäster har inte kommit.

Några（なん人か／1人も）
gäster（招待客が）
har inte kommit（来ていない）

3つ目の文章も多義的だ。「パーティーに招待した人がなん人か来ていない」と解釈できると同時に、「パーティーに招待した人は1人も来ていない」、つまり「人は来ているけれど、招待した人は1人も来ていない」というふうにも解釈で

きる。

　言葉というのはこのとおり、あいまいなものだ。この世はあいまいな言葉だらけ。新鮮な空気って、どれぐらい新鮮なんだろう？　危険な物質がほんの少し入っているのもゆるされないの？　それとも、ちょっとぐらいならいい？

　頭のうすい人に、髪はなん本生えているんだろう？　50本、500本、1000本……？　もっと多い？　それとも少ない？

　明確な答えはない。言葉があいまいだから、こういうことがおきるんだ。

善ってどういう意味？

　きみは**公正**や**善**って言葉が、あいまいだと思うかい？　これらの言葉は実際、どういう意味なんだろう？　ちょっと考えてみて。どんな考えがうかんだかな？

　ソクラテスとプラトンにとって、それらの言葉の概念はあいまいじゃなかった。でも言葉の意味を真に理解するには、じっくりと哲学的に考えるひつようがある。

　プラトンが、「社会をおさめるのは、首相でも王でも大統領でもなく哲学者だ」と考えたのは、とにもかくにも哲学者というのが、思考と理性を用いて、公正と善の意味をきちんと理解できる人たちだったからだ。

　もしも社会のリーダーが、これらの言葉の意味を理解していなかったら、どうなる？　ひとりで考えてみるか、だれかと話しあってみよう！

3

地球は
タルトみたいな形をしているの？

あらゆる研究は知識を得ることを目的としている。哲学者は知識を求めるんだ。でも**知識**ってなんだろう？　知識とは、「知っている」ことがらのこと。

きみは毎朝、日がのぼることを知っている。ストックホルムがスウェーデンの首都だということも、木の葉は秋に落ちるということも、ソクラテスは歴史上の人物だということも知っている。きみの友だちがジョークをきいて笑うのは、おもしろいと思ったからだ、ということも、地球が太陽のまわりをまわっていることも、きみがうれしいと思っているのか、悲しいと思っているのかも。うそをつくのはまちがったことだというのも、いまきみがいる部屋がどんなふうに見えるのかも知っている。

これらすべてをきみが知っているってことは、なにを意味するんだろう？　哲学者は考える。なによりもそれが真実であるということを知らなくてはならない、と。さもなくば、知らないのとおなじと見なされてしまう。

むかしの人は、「地球はタルトみたいに円柱型をしている」と思っていた。それを真実だと信じる理由が十分にあると考えていたんだ。ところが現代人からしてみれば、当時の人たちは地球が円柱型だと**思って**はいたけれど、**知っていた**わけではなかったということになる（地球は実際には丸いからね）。

いまのきみたちが知っていると思っているもののなかに、実際には真実でないものがあるかもしれない。

もう1つ例をあげてみよう。きみはスウェーデンの首都が

ストックホルムだと知っている。きみはそのことについて、知識がある。じゃあ、どうしてそう思っているだけでなく、知っているとわかるのだろう？　だってストックホルムが首都なのは、本当のことだもの、ときみは言うかもしれないね。本で読んだことがあるし、ニュースできいたこともある、って。

　現実と一致していて、さらに信じる十分な理由があって、はじめて哲学者は、それを真の知識と呼ぶ。

> みんながわたしをだますために、
> 地球が丸い、と言っているのかもしれないじゃない

信じることと、そうであるということ

　真実だと信じていることが、本当に真実だと、どうしてわかるんだろう？　実際にそれを証明するのは、かならずしもかんたんなことじゃない。でも最善の努力をすることで、そ

う信じる**十分な理由**があるかを確かめることはできる。「いまおこっていることは、本当はみんな夢じゃないのか?」というデカルトの問いをおぼえているかい?

　この問いについてどんなに考えたところで、すべて夢だと信じるのに十分な理由は見つからない。だとすれば、いまおこっていることは夢かもしれない、なんて考えは頭から追いはらってしまっていい。

　哲学的なアプローチとは、真実を積極的にさがし、それを信じ、まちがったことを信じないようにすることを言うんだ！人はあることを信じる、もっともな理由を見つけようとする。理由が見つかってはじめて、この世界の全体像が見え、そこから議論を組み立てることができるんだ。

それじゃあ、きみたちの知識は、どこから生まれるんだろう？　人間は知識をいろんなところから得ることができる。ページをめくる前に、それがどこか思いうかべられるかい？

五感と記憶

　人間には**五感**という5つの感覚、つまり視覚、聴覚、味覚、触覚、嗅覚がそなわっている。きみはこれらの感覚をはたらかせることで、まわりのよ

うすがどんなふうか気づく。きみたちにはさらに**記憶**もそなわっている。

　過去におきたことについて考えるとき、人は記憶を用いる。でもこの記憶は、五感とともにはたらくこともある。1本の木を見て、それが白樺の木だと認識するとき、きみは過去に白樺を見たときの記憶と五感の両方をはたらかせている。

きみたちはまたテレビや新聞、インターネットや本などでも、ほかの人の意見を知ることができる。

　きみが知ってることのうち、どれぐらいが、ほかの人たちの言葉にもとづいているんだろう？

　それにきみ自身の心のなかをのぞいて、きみがいろんなものごとについてなにを考え、どう思うか、知ることもできる。「眠たいな」とか、「週末、馬に乗れる。楽しみだな！」とかね。
　理性というのは、前に話したとおり、知識のみなもとだ。

人間に理性がそなわっているおかげで、すでに知っている事実から、さらにあらたなことを知ることができる。たとえば、これからあげる2つのことを、きみが知っているとしよう。その2つとは、「哲学者はみんな人間だ」ということと、「ソクラテスは哲学者だ」ということだ。そこからなにか、わかることはないかい？ あらたにわかったことは、あるかな？

　先を読みすすめる前に、自分で答えをさがしてみよう。

　そのとおり！ ソクラテスは人間だ。犬でも猫でもない。

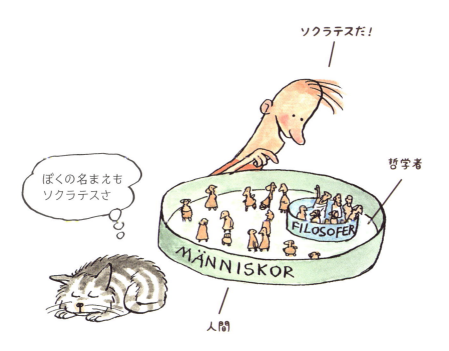

本当にそうなの？

　知識はいろんなところから得られる。きみたちは理性をそなえていて、議論することができる。それにもかかわらず、知識は得るのはむずかしく、ふくざつであることが多い。ときには持ってもいない知識を、持っているとかんちがいすることもある。

　太陽がこれまで毎朝のぼってきたからといって、あしたもぜったいにのぼると言えるかい？　うそをつくのは、どんなときでもまちがっているのかな？　きみの冗談をきいて笑っている友だちは、本当におもしろいと思ってる？

　地球は丸いはずだけど、地表にいるきみたちの目には、平らに見える。「地球は本当は丸い」ということが明らかになる前の時代の人たちが、自分たちは地球が平らだということを知っている、とかんちがいするのも無理はない。

疑うこと、感覚のわな

　哲学者はある知識が本当に正しいか、多かれ少なかれ疑っている。そのため議論のとちゅうで必ず、こんな疑問を投げかける。「どうしてそうだとわかるの?」、「本当にそう思うの?」、「実際、なにが言いたいんだい?」。デカルトという哲学者はとても疑いぶかい人で、この世のあらゆるものを疑った。「疑いつづけることで、疑いようのない完璧な真実にたどり着けるにちがいない」と信じていたからだ。

　あれこれ悩んだ末、かれは、「こうして悩んでいるわたしが存在しているのは、まぎれもない事実だ」という答えにたどり着いた。デカルトはこのことを、「われ思う、ゆえにわれあり」という有名な言葉であらわした。

感覚にあざむかれたことはないかい？

　でも、そもそもデカルトは、どうしてこれほどまでに、ものごとを疑うようになったんだろう？　1つには、感覚がその人自身をあざむくことがあるからだ！　きみはボートに乗ったことがあるかい？　実際は折れていなくてまっすぐなオールが、水のなかで折れまがっているように見えたことはないかい？
　または森を散歩しているときに、ヘビがいると思い、ぞっとしてよく見てみたら、枝だった、って経験は？　茂みにウサギがいると思ったら、ビニールぶくろだった、ってこともあるんじゃないかな？

芝生の色は本当に緑？

　感覚がどれくらい人間の役に立っているかを知るのは、かんたんじゃない。哲学者は目に見える世界と実際の世界とを、しばしば区別する。感覚をとおして体験する世界と、世界そのものはべつものだと考えるんだ。

　きみはたとえば、芝生は実際は緑じゃなくて、きみの目に緑に見えるだけ、って知っているかい？　これとおなじで食べものの味も、きみの味覚でそう感じるだけなんだ。

アヒル？
それともウサギ？

おばあさんと、
若い女の人のどっち？

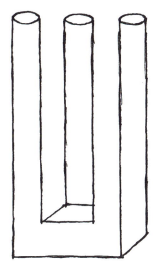

2本か
3本か？

また人間はたとえば水に温度があるのを、あたりまえと思っている。水はあたたかくも冷たくも、ぬるくもなるけれど、きみが熱いお湯で片方の手を温め、冷たいお湯でもう一方の手を冷やし、そのあと両手をぬるいお湯に浸したら……

　どうなるんだろう？　ためしてみよう！

冷たい　　　熱い

そう、そのとおり。水は冷たい手には、熱く感じる。あたたかい手には、冷たく感じる。でも水が同時に冷たくも熱くもなることはあるのかな？

世界は音であふれている？

　1つおもしろい質問をするね。**森で木が倒れて、そこにだれもいなかったら、音はする？**　おなじ質問をされたことはあるかな？

　この質問にみな、「するにきまってる。あたりまえだろ」って答えるだろう。でもそれって本当にあたりまえなのかな？ この質問を哲学的に検証してみよう。人間は自分たちが音のあふれる世界で生きていると思っている。チェーンソーの音と鳥の歌声があふれる世界で。音は1つの場所にとどまっていて、そこに近づきさえすれば、自然ときこえてくるとも。でも科学と哲学によって、音がきこえるまでには、いくつものプロセスがあることがわかってきた。でもそれはあっという間の出来事で、人間は気づかない！ チェーンソーがうなりを上げ、鳥がさえずり、森の木が倒れるとき、音波が発生する。この音波が人間の耳に入り、脳がそれを処理し、最終的にその人の意識にとどく。そうやってはじめて音がきこえる。森に木が倒れる音は、こういった「きく」体験により、もたらされるものなんだ。

　つまり質問に対する正しい答えは、こうだ。「森で木が倒れても、そこにだれもいなければ音はしない。生まれた音波が音と認識されるには、耳と脳がひつようだ」

時間とは?

　時間という現象は、哲学者たちの関心をおおいに引きつけてきた。時間はいったい、どこにあるんだろう? 時間って、なんなんだろう?

　時間は、楽しいときはあっという間にすぎ、退屈なときにはなかなかすぎないように思えるよね? でも、本当にそうなのかな? 時計の針は、いつでも一定の速さでまわるんじゃないかい? ある哲学者たちは、「色の見えかたが目の具合によって変わったり、音のきこえかたが耳の状態次第で変わったりするのとおなじように、時間と時間体験は人の意識に左右される」と考えた。

ここら辺にあるはずなんだけど……

仕事にいくときよりも、家に帰るときのほうが、あっという間に感じるのはなぜだろう?

3つの時間

　1500年前に時間についてたくさん考えたのは、アウグスティヌスという哲学者だった。アウグスティヌスは「時間には過去と現在、未来の3つがあって、意識とむすびついている」と考えた。

　アウグスティヌスは自問した。「過ぎ去っていまはここにない過去が存在すると、どうして言えるのだろう？」。これに対するかれの答えは、こうだった。「われわれが過去と呼ぶものは、かつて存在したものの**記憶**である」

　つぎにアウグスティヌスは未来について、こう問いを立て

　た。「まだ訪れていない未来が、存在するとどうして言えるんだろう？」。その答えは、こうだった。「未来とは、あるものがこれから存在してほしいという、われわれの**期待**である」

　「太陽はいつも朝のぼっていた。だからあしたの朝ものぼるだろう」と思いえがくことができる。アウグスティヌスはこれとおなじように、「いま見えている世界は、まさにいま心にうかんでいるイメージだ」と考えた。

　過去、現在、未来のうち、実際にいまここにあるのは、現在だけだ。だが過去は、これまでおきたことの記憶という形で、生きつづける現実だと言える。そして未来も、これからおきることに対する期待という形で生きつづける現実だ。

　時間の概念に対するアウグスティヌスの考えは、いまもさ

まざまな分野で注目されている。現代の脳科学研究のおかげで、きみたちは知っているだろう。「脳にある種の損傷を負った人は、とくに過去と未来の時間感覚に乱れが生じる」ってことを。これは、人間の時間に対する意識がいかに根源的なものかをしめしてるんだ！

　このことから少し考えていくと、記憶し、未来に期待する能力が、人間にとって、また人間がまわりの世界について理解するうえで、おそろしいほど重要なものだということがわかるだろう。

　たとえば過去にあった出来事を思いだせなかったら、どんなふうに感じるだろう？　将来の計画を立てられなかったら？　こういった時間の感覚をそなえていなかったら、きみはきみじゃなくなるのかな？

4

泥棒するのは、ときにはゆるされる？

道徳的な問いとはなにか、知ってるかい？　うそをつくのとおなじように、盗むこともいけないって、知ってるよね？　でもどうして？　人はなぜあることは正しくて、あることはまちがっていると考えるんだろう？　どうしてあることは善くて、あることは悪いの？　哲学者のなかには、「人間の心に、**道徳**がそなわっているからだ」と言う人がいる。道徳とはかんたんに言うと、人間の行動ができるだけ善くなるのを助け、コントロールする規則みたいなものだ。

> 1クローネを寄付すると、どうしてこんなにうれしい気分になるんだろう……

道徳的判断をするための理性

　1章では、理性について話した。理性は世界についての知識をあたえてくれる。でもきみたちが知ることができるのは、実は世界についてだけじゃない。道徳についてもだ。

　イマヌエル・カントっていう哲学者は、「人間には道徳的判断をするための理性がそなわっていて、この理性がどんな行動をとるべきかを教えてくれる。その人がきく耳を持つならば」と考えた。理性はものごとの善し悪しを判断する手助けになるんだ！

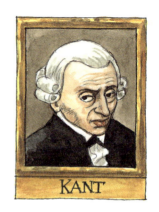

たとえば：

- **生きものを傷つけるのは、まちがったことだ。**
- **困っている人がいたら、助けるべきだ。**
- **お金を借りたら、返さなくてはならない。**

ほかに思いつくかな？

　一覧にすると、長くなりそうだね。これらのうちどれかをやぶって、罪悪感をおぼえたことはないかい？　道徳を守るのは、かんたんじゃない。

たとえば鶏肉を食べたことがある人はみな、「生きものを傷つけてはならない」という道徳をやぶっている。

愛しているから
なぐるんだ、って
かれは言ってたわ。
それが本当に愛すること
だと思っているのかしら？

アリを踏んだら
どうしよう！

優しいうそ

　きみも感じているだろうけど、道徳は一種の**義務**みたいなものだ。たとえば「うそをついてはいけない」というのは、きみの好き嫌いとは関係なく、従わなくてはならない、約束事だ。

　お父さんかお母さんから怖い顔で、「いまなにをした？」ってきかれたら、きみは本当のことを話さなくてはならない。これは一種の義務だ。うそはついちゃいけないよ！　でも実際、ことはそう単純じゃない。

　相手を思いやってつくうそは、ときにゆるされるかもしれない。きみは友だちを悲しませないために、うそをついたことがあるんじゃないかな？　だれかがきみの友だちに意地悪なことを言っているのをきいたけど、そのことを本人に言わずにおいたことも。正直に言ったら、友だちが傷つくだろうから。

ソクラテスは「善い目的のためなら、ときにはうそをついてもかまわない」と考えた。たとえば熱をだした子どもに親が、苦い薬を飲ませるとき、「苦くないよ」と言うのは、ソクラテスに言わせれば、ついてもかまわないうそだった。

きみはソクラテスの意見に賛成かい?
じゃあ、ときと場合によっては泥棒をしてもいいのかな?

この世のなか、本当のこと
だけ書くんじゃ、
生きのこれないのよ

ロビン・フッドは泥棒してもいい？

　たとえばロビン・フッドの物語は、人がどういう場合に泥棒していいかを教えてくれる。きみが貧しいストリート・チルドレンだったら、生きるために食べものを盗まざるをえないかもしれない。おまけに「自分がしていることは正しい」と思うかもしれない。

　「ロビン・フッドは泥棒してもいい？」という問いに、単純に答えることはできない。盗みはおそらくどんなときでも、まちがっている。でも盗みをするのをとがめられない、特別なケースがあるのかもしれない。きみはどう思う？

　道徳があるのに、それに従わない人がいるのはどうしてだろう？　毎日だれかがだれかを傷つけ、盗み、うそをつく。世のなか、どうしてこうなんだろう？

　ほかの人を傷つけたり、ものを盗んだりする人は、自らの道徳的理性にきちんと耳をかたむけていないだけなのかもしれない。一方で、「みんなに共通の道徳などはない」と考える哲学者も多い。きみが正しいと感じていることを、ほかの人も正しいと思うとはかぎらない。
　命や家やものを失うことから市民を守るため、社会のきまりが発達してきた。「人を支える社会のきまりがなくなったら、盗みや殺しあいが、あとを絶たなくなるだろう」というのが、多くの哲学者たちの考えだ。

さまざまな文化

　ある文化で正しいとされていることが、ほかの文化で、「おかしい」、「まちがっている」と言われることもある。たとえばイスラム教徒は豚肉を食べない。この本が書かれたスウェーデンで死刑は違法だけれど、きみの暮らす日本ではゆるされているだろう？　アメリカというおなじ国のなかでも、死刑がゆるされている州とゆるされていない州がある。

　文化によって考え方や、とるべき行動は異なる。「どう生きるべきか？」という問いに対し、唯一無二の正しい答えをだすのはむずかしい。哲学者は時代ごとに、実にさまざまな答えをだしてきた。

　アリストテレスは、「わたしたち人間は、自分たちの人格の善の部分をのばすべきだ」とした。「自分の価値を認め、感情をコントロールし、寛大で勇敢かつ親切で公正で、ユーモ

アのある心を持つことで、幸せな人生を送れる」と。

きみは人間が善の人格をのばせると思うかい？ たとえば勇敢になるには、どうしたらいいんだろう？

アリストテレスはまた、「幸せな人生を送るためには、**知識**がだいじだ」と言った。「真に幸福であるために、勉強や研究をし、この世の真実を見ぬかなくてはならない」と。アリストテレスは「人間は社会的な存在である」と考えた。「そのため家族や友人の存在、健康や豊かさなくしては、だれも幸せになれない」とも言った。

人が幸福になるうえで、それらのことはどれぐらい重要なんだろう？

人間は善い人格をのばせると思うかい？

たとえば勇敢になるためには、どうしたらいいんだろう？

内なる道徳規範

　イマヌエル・カントをおぼえているかい？「人間には道徳的理性がそなわっている」と言った哲学者さ。

　「どう生きるべきか？」という問いに対しカントは、「人はみな、その国の道徳を高めようと、つねに心がけるべきだ」と答えた。

　さらにカントは、「われわれは社会のほかのすべての人にとって、よき手本となるべきだ」と考えた。

　うそをつくべきか、本当のことを話すべきか迷ったとき、「おなじ状況に置かれたら、ふつうの人はどうするだろう？」と自問自答してから、そのとおりに行動するべきだ。自分のなかの道徳にきちんと耳をかたむければ、正しい行動が自然ととれるのさ！

もう少し見た目がよければ、幸せになれるのに

哲学者の多くから好まれる考えには、ほかに、「人はどうしたら**幸せ**な世界がつくれるか、考えながら行動するべきだ」というものがある。きみ自身や家族、友だちをできるだけよろこばせるために、どんな行動をとるべきかな？

　仲間や動物、自然、みんなの幸福のために、きみはどう行動すべきだろう？

　動物の幸福を思うあまり、肉を食べない人もいる。そうきいてきみは、「動物はべつに幸せかどうかなんて、考えないんじゃないかな?」と思うかもしれない。おそらく、きみの言うとおりだ。

　でも木や草花はきみたちとおなじ生きものなのに、まだ生きられる木が切り倒されたり、草花がつみ取られたりするのはなぜなんだろう?　木や草花にも、広い土地でのびのびと育ち、大地からの栄養と新鮮な水を好きなだけ吸収する権利があるんじゃないか?

5

空想のオレンジじゃ、できないことって？

この本に、**意識**という言葉が何度も出てきた。でもこの意識とは、なんだろう？　いまからくわしく見てみることにしよう。まずは過去をふりかえってみようか。

　歴史上、意識はしばしば**魂**のことだと考えられてきた。人間が特徴的で独特なのは、ほかの動物とは異なる特別な魂を持つところだ、と。

　そうだ、人間と動物のちがいについて、少し考えてみるといい。頭のなかでちがいをあげてごらん！

　考えはまとまったかい？　じゃあ、アリストテレスにきいてみよう。かれは人間について、さまざまな説をとなえた。

　そのうちの1つに、「人間は動物だが、ほかの動物とはちがう」って言葉がある。

　アリストテレスは、人間はすごく特別で、理性的な生きものだと考えた。同時に、「人間とほかの動物には共通点がある」とも。

　人間とほかの動物に共通しているのは、消化能力をそなえ、成長できる点、五感をはたらかせることで、外界の情報をとらえる点だ。しかし高度な意識を持つのは人間だけだ、とアリストテレスは考えた。また、かれはこう言った。理性をそなえた魂を持ちうるのは、人間だけだ！　これが人間とほかの動物の、おおきなちがいなんだ、って。

牛は哲学者になれるの？

　人間は人生と死について考え、将来の計画を立て、科学にいそしみ、数を用いて計算をする。また、どの道徳が正しくて、どれがまちがっているか考えをめぐらし、本を書き、美術作品や音楽やコンピューターゲームをつくりだす。

　動物にも感情があるって意見に反対する人は、現代ではいない。でも理性はどうだろう？

　動物は考えるのだろうか？　子牛が「死後の世界はあるのかな？」とか、「すぐれた芸術に共通する特徴はなんだろう？」なんて、考えるのかな？

　これらの質問に、たいていの人は、「ノー」と答えるだろう。動物は人間と異なる独自の性質を持つ。子牛が牛以外のものになることはないし、草を食み、反すうし、モーとなき、しっ

ぽでハエを追いはらう以外のことはできない。きみたちも人間以外に、けっしてなりえない。ところが人間の性質は、実にさまざまだ。

　哲学者の多くは、「人間は本質的に無限の選択肢をそなえている」と考える。きみたちは将来、なんだってできる。火星にロケットをとばせるかもしれないし、哲学者にだってお医者さんにだって、政治家にだってなれるかもしれない。大人になったきみたちは、わくわくするような問いを、いくつも立てるのだろう。

　牛は哲学者になれないし、ほかの恒星のまわりに惑星を見つけることもできない。猫はネズミをつかまえて殺すのが正しいのか、まちがっているのかなんて、おそらく考えない。ただ本能のおもむくままだ。

　なにも牛や猫をわるく言おうとしてるんじゃないよ。「人間と動物の差はすごくおおきい」ってことをしめしたいだけなんだ！　牛と猫は1年間みっちり授業を受けたとしても、これっぽっちも哲学がわかるようにはならない。でもこの本を読んでいるきみは、すでにたくさんのことを知ったんじゃないかな？

われ反すうす、ゆえにわれあり。
デカルト

人間に限界はない

人間はやりたいことができる。きみたちに限界などない。たとえあるとしても、少しだけだ。ジャン＝ポール・サルトルはそのことを、つぎのようにいいあらわした。「実存は本質に先だつ」これはつまり、「人間は生まれた時点で、現実にこの世に存在する。一方、それぞれの人がどういう性質を持つかが決まるのは、つまりその人の本質が決まるのは、人生のさまざまな選択をしてからだ」ってことを意味する。

実感はないかもしれないけれど、きみたちにはつねに選択肢がある。哲学者の前では、「どうせぼくなんか」なんてセリフは、通用しないはずだ。

善い人間は、自分の行動につねに責任を持つこと、人生

サルトル

おれが殺し屋になったのは、社会のせいだ

　の道を自ら選ぶことで、なりたい自分になれると知っている。
　これって、すごいことだと思わないかい？　きみたちは根本的には自由なんだ。でもこの世のなか、どんなときもかんたんに自由と選択肢が手に入るとはかぎらない。
　たとえばこの本に出てきた哲学者のほとんどが、おじいさんだって気がついたかい？　なぜだろう？　1章で、いまは哲学にしたしむのに、男か女かは関係ない、って言ったよね。でもどうしてむかしは、ちがっていたんだろう？　その答えの1つに、女の人が歴史上、男の人とまったくおなじ教育の機会を得てきたわけではないことがあげられる。女性は成長する機会と自由を制限されてきたんだ。
　プラトンはこのことに頭を悩ませていたにちがいない。かれが「社会をおさめるのは哲学者だ」と考えていたのを、おば

えているかい？　プラトンにとっては女性も男性とおなじ、すぐれた哲学者だった。これまでの世界の歴史でみながそう考えれば、女性は男性とおなじ教育を受け、社会での道を自分できめる権利を得ることができたのにね。メアリ・ウルストンクラフトとシモーヌ・ド・ボーヴォワールは、教育を非常に重視し、女性が男性とおなじチャンスを得られる社会をつくるため、力を尽くした。いまでは男女はさまざまな面で平等だ。この自由を勝ちとるために、長年たくさんの人が奮闘してきた。

人間の意識

　現代の哲学や科学では、意識とはなにかを説明するのに、もはや魂という言葉は使わない。かわりに、意識からどのようなことが引きおこされ、あらわれるかを考え、そこから逆に意識とはなにかを説明しようとする。

人間は五感によって世界を意識する。また意識によって、夢や空想、幻覚も生じる。夢のなかでの体験は、前に説明したね。

　意識によって、痛みやかゆみのような感覚も生まれる。よろこびや恐怖、嫉妬、怒り、悲しみ、幸せのような感情もだ。

人にはもちろん思考力もそなわっている。なにかを信じ、なにかを望み、なにかを知り、なにかを理解し、なにかを思いつき、なにかを計画し、なにかをしたいと思い、なにかを議論しようとするのは、人間に思考力と意識があるからだ。

頭のなかのオレンジじゃ、できないことって？

　おかしな質問だと言われてしまうかもしれないね。哲学はむずかしく感じられるかもしれないけど、この本の目的は、哲学が奇妙でややこしいだけでなく、実際の生活に役立つものだ、っていうことを知ってもらうことなんだ。なにより哲学的な考え方が、使えるものだってことも。

　この本できみはたとえば、疑問を投げかけるのはいいことだってことや、納得できる答えが見つかるまで質問しつづけていいってことが、わかったろう。

　また知識や主張が正しいと信じる十分な理由をさがしもとめることで、それらが本当に重要かを上手に判断できるようになった。

　言葉というものはあいまいで、いろんな意味を持つけれど、概念を徹底的に調べれば、言葉の正確な意味がつかめることに気づき、意識するようになった。

　人間の道徳についても、ふかく考えはじめた。

　きみたちに無限の選択肢があるってことも知った。これからものごとを批判的に見て、哲学的思考をさらにふかめていけば、知らない人からだまされにくくなるだろう。

　きみたちのなかには、この本をお父さんかお母さんから言われて、しかたなく読みはじめた子もいるだろう。哲学は人をまどわせることもあるし、ときにふくざつに思えることもある（だからこそおもしろいのだけれど）。最後の質問、「頭のなかのオレンジじゃ、できないことってなに？」もそうだ。

いまからそのことについて考えよう！　ペンと紙をとってきて、しばらく考えてから、答えを書いてみて。

　なにを思いついた？　きみが書いたのは、きっとこんなことだろう。

- 皮をむけない
- 食べられない
- みずみずしさを味わえない
- ボールみたいに、投げられない

　もちろん皮をむくことも、食べることも、みずみずしさを味わうことも、ボールみたいに投げることもできるよ。空想の世界でならね。ここでだいじなのは、頭のなかのオレンジを実際の世界にとりだせない、ってことだ。

オレンジはどこにある？

「頭のなかのオレンジは**質量**を持たない」と、哲学者は言うだろう。「重さがないから、おなかをふくらませられない。頭のなかのオレンジは、実際のものでできているわけじゃない」って。

きみはおそらく自分の思考がずばりどこにあるか指ししめすことはできないだろう。人はみな、「思考は頭のなかにある」と思っている。でも頭のどこにあるんだろう？ 右耳のすぐ上？ 頭のどまんなか？ どこに思考があるのか、特定するのはむずかしそうだ。

おもしろいのは、筆箱にペンが入っているのとおなじように、頭のなかに思考がはっきりとした形であるわけじゃない、ってことだ。オレンジのことを考えているときの、きみの頭のなかを最新技術を使ってのぞいてみたら、思考は頭のなかにないことがわかるだろう。

きみの頭のなかにあるのは、たくさんの細胞でできた脳だけ。オレンジなんか、ありやしない！

じゃあ、思考はどんなふうにして生まれるんだろう？

もうおなじみのデカルトはこの問いに、「思考は物質ではない」と答えた。思考は脳や椅子、山や海みたいに、この世のなかにはっきりとした形で存在するわけじゃない。椅子は物質だ。まわせるし、上にすわることもできる。でも頭のな

かの椅子は、とりだすことも、まわすことも、すわることもできない。

一方、脳はさっき言ったとおり物質で、頭のなかに確かにある。

脳が傷つくと、意識の伝達系統に支障がでる（たとえば3章に出てきた、時間の意識に問題が生じる）。このことから脳と意識がなんらかの形でつながっていると、わかっている。でも正確に**どう**つながっているかまでは、明らかにされていない。

結論として、まずは、「脳細胞の活動が、頭のなかのオレンジ（＝思考）を生みだす」と考えてみてはどうだろう？

そして、「脳細胞の活動と、頭のなかのオレンジ（＝思考）はおなじものだ」と考えてみよう。一見、理にかなっているように思えるけど、本当にそうかな？

脳細胞の活動は、たとえば最新技術をつかって、脳をスキャンすることで調べられるが、思考は調べられるだろうか？「きみが生まれ育った家は、どんなだった？」、「昨日の夕ご飯になにを食べたっけ？」、「イチゴはどんな味？」、「人間はいつか月に家を建てられるようになる？」、「白鳥はみんな白いの？」。これらのさまざまな思考はそれぞれに個別の特徴を持っているが、それは脳をスキャンしても調べられないものだ。

つまり、脳細胞の活動と思考は、異なる性質を持つんだ。そうするとやはり、「脳細胞の活動と思考はべつのもの」、と考えたほうがよいのだろうか？

脳＋意識＝？

　問題は解決にむかっている。今日、哲学者やほかの研究者の多くが、「脳と意識がどうむすびついているか？」って謎を必死に解き明かそうとしている。ひょっとしたらきみも将来、その1人になるかもしれないね。

　哲学者になるのに、遅すぎることはない(早すぎることもね)。知識への愛はどんどん増えていくものだ。考えれば考えるほど、さらに知りたくなる。現実がどうなのかを。きみは哲学を発展させ、ふかめることができる。あらたな哲学的問いを立てることもできる。思考をより明確なものに、議論をよりよいものに変え、理性をとぎすますことも。

　ところで最初に出てきた問いを、おぼえているかい？　この本には、それらの問いに対するほんの一部の答えしかのっていない。のこりの答えは、きみが自分でさがしてごらん。

自分で考えよう!

好奇心がむくむくふくらみ、
つぎからつぎへと疑問がわいてこないかい?

訳者あとがき

　本書『自分で考えよう』（原題：Tänk Själv）は、ソクラテスの無知の知、デカルトの方法的懐疑、アウグスティヌスの時間論、カントらによる認識論といった西洋哲学の基本的考えが、子ども向けの分かりやすい言葉で示された哲学入門書です。

　作者のペーテル・エクベリは、1972年、スウェーデン生まれ。ヨーテボリ大学の大学院博士課程を出ています。デカルトが哲学だけでなく、科学や天文学、数学などにもとりくんだように、彼も哲学だけでなく、天文学、物理学、神経科学、思想史も学びました。本書で哲学の枠にとらわれず、脳科学など他の学問分野との関わりにも触れているのはそのためでしょう。特に空想や、頭にイメージを浮かべる能力に強い関心を持っているそうで、本書でも、ものごとを思い浮かべるとき、頭のなかで何が起きているのか、思考はどこにあるのか、といったことに多くのページを割いています。

　本書はエクベリのデビュー作で、発表されたのは2009年。同年、スウェーデン作家協会のスラングベッラン新人賞にノミネートされ、ドイツ語、デンマーク語、ロシア語、韓国語、ポーランド語などに翻訳されました。以後、ロボットや人工知能、宇宙についての子ども向けのノンフィクションやSFなどを執筆しています。そして2016年には、本書の続編『Tänk Stort!（壮大に考えよう）』で、子ども向けの優れたノンフィクション作品に与えられるカール・フォン・リンネ賞にノミネートされま

した。

　本書のイラストを手がけたのは、『フィンドゥスの誕生日』（ワールドライブラリー）をはじめとするフィンドゥスとペットソンのシリーズや、『め牛のママ・ムー』（福音館書店）などで有名なスヴェン・ノードクヴィスト。スウェーデンの新聞には本書に出てくるような風刺画がよく載っていますが、高福祉高負担のスウェーデンでは、納めた税金を国がどう有効に使うかなどを監視したり、批判したりすることで、権力の肥大化と政治腐敗を食い止める必要があるのでしょう。お隣のデンマークのユランス・ポステン誌やフランスのシャルリー・エブド紙でムハンマドを皮肉る風刺画が掲載され、放火事件や襲撃事件に発展した例もありますが、ノードクヴィストの風刺画は、批判の矛先が他国の文化、宗教ではなく自国に向けられていて、あたたかみと心地よさを失わないユーモアで、作品を愉快に盛り上げてくれています。

　この本が生まれたスウェーデンは、クリーン・エネルギー、教育機会の平等、手厚い介護や年金制度、男女平等（日本の女性運動に影響を及ぼした思想家のエレン・ケイはスウェーデン出身）、オンブズマン制度などのモデル国として日本で注目されてきました。また子どもに対する暴力が法律で禁止されていたり、1970年代に選挙権をすでに18歳まで引き下げ、さらに若者の政治への関心の高さゆえ現在16歳への引き下げまでもが検討されていたりと、子どもの権利が重視されて

います。人口約960万人と非常に小さな国ですが、IKEA、H＆M、エリクソン、Spotify、VOLVOといった企業の進出も著しいです。

　スウェーデンがこのようなモデル国となりえた背景には、イギリスやドイツなど他国の思想に影響を受けつつも、議論を重ねることで独自の思想を生み出してきたことがあるように思えます。スウェーデンの学校では、異なる考えを尊重し、理由や根拠を示しながら議論をし、考えを発展させる術を学ぶそうです。論理的に、ユーモアを忘れず、楽しみながらグループで議論する様子は、学校や家庭、職場などで当たり前に見られる光景のようです。

　スウェーデンはリンドグレーンをはじめとする優れた児童書作家を多く輩出していることでも知られていますし、文化的に緊密な関係にあるノルウェーから生まれた、哲学を題材にした児童書『ソフィーの世界』は世界的な大ヒットになりました。北欧の児童書作家は、相手が子どもであっても心を開いて、本音で語りかけます。この本の作者も、「社会のリーダーが公正と善という言葉の意味を理解していなかったら、どうなる？」「ある文化で正しいとされていることが、ほかの文化で"おかしい"、"まちがっている"と言われることがある」などストレートな問いを、子どもの読者にさらりと投げかけてみせます。また、女性が歴史上、男性とまったくおなじ教育の機会を得られなかったことをも包み隠さず書いた上で、教育を重視し、女性が男性とおなじチャンスを得られる社会をつくる

ために奮闘してきた人たちのことにも言及しています。

　現代の日本社会には一筋縄ではいかない難題が山積していて、それらの打開策を見出すための思考法が求められています。また相次ぐテロや拉致・人質事件、戦争、紛争などを目の当たりにし、世界のものの考え方、論理、様々な価値観を知る必要を感じている人も多いでしょう。
　他国のやり方をただまねするだけでは日本の問題を解決できません。わたしたちが、自分で考える必要があるのです。その考え方のひとつの例がこの本では示されています。

　　　　　　　　　　　　　　　　　　　　　　枇谷玲子

著者について

ペーテル・エクベリ　作

1972年、スウェーデン生まれ。大学院博士課程で哲学、天文学、物理学、神経科学、思想史を学ぶ。2009年、本書で作家デビューし、スウェーデン作家協会のスラングベッラン新人賞にノミネートされる。著書にロボットや人工知能、宇宙についての子ども向けのノンフィクションやSFなどがある。2016年、本書の続編『おおきく考えよう』(邦訳は晶文社)が子ども向けの優れたノンフィクション作品に与えられるカール・フォン・リンネ賞にノミネート。

スヴェン・ノードクヴィスト　絵

1946年生まれ。スウェーデンを代表する画家、絵本作家。著書にアニメ化された『フィンドゥス』シリーズ(ワールドライブラリー)など。またイラストを担当した『め牛のママ・ムー』(福音館書店)もアニメ化され、大人気に。2003年、アストリッド・リンドグレーン賞を受賞。2007年、『おねえちゃんは、どこ?』(岩波書店)でアウグスト賞受賞。

訳者について

枇谷玲子(ひだに・れいこ)

1980年、富山県生まれ。2003年、デンマーク教育大学児童文学センターに留学。2005年、大阪外国語大学(現大阪大学)卒業。在学中の2005年に翻訳家デビュー。北欧の児童書やミステリなどの紹介に注力している。主な訳書に、『キュッパのはくぶつかん』(福音館書店)、『カンヴァスの向こう側』(評論社)、『サイエンス・クエスト――科学の冒険』(NHK出版)、『おおきく考えよう――人生に役立つ哲学入門』(晶文社)などがある。

自分で考えよう　世界を知るための哲学入門

2016年10月20日　初版
2017年11月15日　3刷

著者	ペーテル・エクベリ、スヴェン・ノードクヴィスト
訳者	枇谷玲子
発行者	株式会社晶文社
	東京都千代田区神田神保町1-11　〒101-0051
	電話03-3518-4940(代表)・4942(編集)
URL	http://www.shobunsha.co.jp
印刷・製本	中央精版印刷株式会社

Japanese translation © Reiko Hidani 2016
ISBN 978-4-7949-6936-1　Printed in Japan

本書を無断で複写複製することは、著作権法上での例外を除き禁じられています。
〈検印廃止〉落丁・乱丁本はお取替えします。